북녘 일상의 풍경

북녘 일상의 풍경

리만근 사진 · 안해룡 글

리만근은 사진가다. 1990년대 후반부터 수년 동안 북한에 머무르면서
사진 촬영할 기회를 얻었다. 북한의 보통 사람들이 생활하는 모습에 깊은
관심을 가지고 북한의 일상을 꼼꼼하게 카메라에 담았다. 또 사진에 담겨
있는 세세한 정보들을 철저하게 확인하면서 메모했다. 그의 사진 작업은
남한 사람들에게 현재의 북한 모습을 정확하게 이해시키기 위한 그의 노
력에서 나온 산물이다.

안해룡은 사진가이자 다큐멘터리 작가다. 일본군 '위안부' 할머니들과
재일동포의 민족교육 문제에 관한 기록작업을 10여 년이 넘게 계속해 오
고 있다. 그의 작업은 한국과 일본의 잡지, 방송을 통해 소개되었다. 그는
리만근의 사진 작업 속에 담겨진 북한의 일상을 접하고 충격을 받았다.
한국인들에게 보다 정확한 북한의 모습을 전하기 위해 리만근과 수 차례
만나면서 그의 체험과 기록을 정리하고, 확인하는 작업을 했다.

펴낸곳 현실문화연구 **펴낸이** 김수기 **편집** 좌세훈 이시우
디자인 이옥란 **마케팅** 박성경 오주형 **제작** 이명혜

첫 번째 찍은 날 2005년 6월 26일
등록번호 제 22-1533호 **등록일자** 1999년 5월 2일
주소 서울시 서대문구 충정로2가 190-11 반석빌딩 4층 현실문화연구
전화 393-1125 1174 **팩스** 393-1128

값 28,000원
ISBN 89-87057-88-7

북녘 일상의 풍경

리만근 사진 · 안해룡 글

현실문화연구

목 차

꾸며지지 않은 북녘 일상의 풍경

리만근

우리들은 북한이, 북한의 사람들이 우리와 같은 언어, 문화, 풍습을 가지고 있는 '한' 민족이라고 생각하고 있다. 하지만 북한은 남한 사람들에게는 아직도 머나먼 반쪽이다. 북한은 여전히 미지의 세계다. 한반도가 둘로 나누어진 지 60년의 세월이 흘렀지만 한반도의 대립구조는 지금도 팽팽한 긴장감을 유지하고 있다. 5년 전 남북정상회담이 이루어진 뒤 남북교류의 폭이 확대되고는 있지만 자유스럽게 북녘의 땅을 여행하고, 자연스럽게 북한 사람들을 만나는 일은 상당히 제한되어 있다.

나는 지금의 북한 사람들이 어떻게 살고 있는지 알고 싶었다. 우연히 오랫동안 북한에 머물 수 있는 기회가 행운처럼 나에게 다가왔다. 이 기적 같은 행운은 나를 들뜨게 했지만, 한편에는 왠지 모를 불안함도 있었다. 나는, 사진가인 내가 북한에서 할 수 있는 일은 현재의 북한을 기록

풍양 조씨 집성촌, 함경남도, 1998
앞줄 왼쪽에서 네 번째 집은 원래 재실(齋室)이었으나, 지금은 소학교 분교로 사용되고 있다. 하지만 제사나 조상 모시기는 여전히 전통을 이어오고 있다. 마을 뒤의 산등성이에 조상의 묘들이 밀집해 있는 것이 보인다. 모든 무덤들을 평토장으로 개조하라는 국토환경보호상의 지시가 있었음에도, 이곳의 무덤들은 원형대로 보존되고 있다.

하는 일이라고 생각했다. 남쪽 사진가의 시선으로 말이다.

한국의 사진가나 사진기자가 북한의 모습을 촬영한 사진들이 매체에 발표되고는 있지만, 그 사진들은 북한에서 제공하는 공간에서 제한된 시간에 기록된 것에 불과하다. 나는 북한에 체류하면서 평양이 아닌 북한의 농촌과 도시, 그리고 자연의 모습을 필름에 담을 수가 있었다. 이 사진집에는 '고난의 행군' 시기를 넘어서 최근까지 수년 동안 북한 사람들의 삶의 단면이 기록되어 있다.

물론 나의 사진 작업이 결코 자유스럽고 편안하게 이루어진 것은 아니다. 북한에서 외부인이 카메라를 드러내 놓고 여유 있는 시간을 가지고 관찰하면서 촬영을 한다는 것은 거의 불가능에 가깝다. 이 사진집에 담긴 한 땀 한 땀의 장면들은 극도의 긴장감을 가지고 멀리서 조심스레 담아낸 것이다.

북한의 사람들도 사진 찍는 것을 무척이나 좋아한다. 백일이나 돌, 그리고 가족의 경사가 있다면 동네 사진관에서 기념사진을 찍는다. 김일성 주석의 생일이나 김정일 장군의 생일 등이 되면 태양상 앞에서 기념사진을 찍기도 한다. 필름을 구하기가 싶지 않지만 〈우리 중대 사진사 왔네〉라는 노래가 불리울 정도로 북한 사람들은 사진 찍는 것을 좋아한다. 하지만 외부의 사람이 자신들의 일상을 촬영하는 것은 단호하게 거부한다. 그것은 자신을 철저하게 단속하기 위한 자존심일지도 모른다.

　　나의 사진 작업은 단순히 북한의 이미지만을 담은 것이 아니다. 나는 북한 사람들의 일상을 이해하기 위해 부단한 노력을 기울였다. 우리와는 확연하게 달라져 버린 북한의 말을 이해하려고 북한의 국어사전을 놓고 단어 공부를 해가며 북한의 신문과 방송을 세심하고 주의 깊게 살펴보았다. 사진에 담긴 북한의 외양은 얼핏 보면 우리의 1960, 70년대 모습처럼 보이지만, 나는 사진 안에서 우리의 생활과는 너무도 달라져 버린 북한의 일상을 발견할 수 있었다. 이 때문에 나는 사진에 담긴 북한의 일상 풍경에 대해 자세하고 세밀한 설명을 함께 하고자 한다.

　　하지만 사진에 담겨 있는 북한의 사람들은 비록 어렵게 살고 멀리 떨어져 있기는 하지만 다정스럽게 다가오는 우리 고향의 이웃들이었다. 비록 제한된 공간에서 이루어진 작업이기는 하지만 나의 사진에는 꾸며지지 않은 북한의 일상이 '재현' 되어 있다. 이 사진집이, 남과 북이 갈등과 반목을 넘어서서 서로 함께 하기 위한 실마리를 조금이라도 마련해 줄 수만 있다면 하는 바람이다.

외출, 함경남도, 1997
북한에서 가장 힘들었던 1997년, 아기 엄마는 어디 갔는지 한 남자가 아기를 업은 채 큰 아이와 함께 자전거를 끌고 눈길을 가고 있다.

북한의 민중생활사 다큐멘터리

안해룡

북한은 아직도 우리에게 미지의 나라이자 불가지不可知의 나라다. 일제 식민지에서의 해방은 분단시대의 시작이었다. 60년 동안 남과 북은 서로의 소통이 없는 적대적인 대립과 대결의 시간을 무심하게 흘려보냈다. 통일의 구호는 있었지만, 정작 통일을 위한 교류와 소통은 쉽게 이루어지지 않았다. 남의 사람들에게 북의 모습은 과거 정치 이데올로기로 포장된 '정보' 로만 존재한다.

과거 북한이 금단의 땅이었던 시절에 남한의 일반 사람들이 북한의 모습을 사진이나 영상으로 접할 수 있는 기회는 거의 없었다. 관계당국의 철저한 검열을 거친 제한된 이미지만이 사람들의 시선을 허락했을 뿐이다. 북한의 이미지들은 남한과 북한의 정치적 '판단' 이라는 여과장치를 통해 걸러진 모습만이 공개되었기 때문에 북한의 실제 모습을 남한의 사람들이 이해하기는 결코 쉽지 않았다.

북한의 이미지에 대한 남한 사람들의 지식은 무지에 가깝다. 불행하지만 북한의 이미지를 보고 독자적으로 판단하고 해석할 수 있는 정보와 지식을 갖춘 보통의 남한 사람들은 거의 없다. 북한에 대한 제한된 이미지 정보라고 할지라도 해설을 달지 않으면 사진이나 영상 안에 담긴 내용을 이해할 수 없는 상태가 되어버렸다.

지난 60년 동안 철옹성처럼 굳건하게 닫혀 있던 단절의 벽이 얼마 전부터 조금씩 열리기 시작했다. 2000년

평양의 순안비행장에서 남과 북의 정상이 만나 나눈 굳은 악수. 그 감격과 감동의 순간은 남과 북의 교류와 협력으로 나아갔다. 이산가족 상봉, 금강산 관광, 남북 철도와 도로의 연결, 개성공단 개발 등 지난 시절 남북분단의 현대사를 가로지르는 거대한 역사들이 새롭게 쓰였다. 이제 남과 북은 교류와 소통의 시간과 폭을 넓혀 가고 있다. 여전히 국제적인 불안과 불안정이 존재하기는 하지만.

남북정상회담 이후 단절의 벽을 넘어 북한의 모습들이 다양한 방식으로 방송과 신문, 잡지를 통해 남한의 사람들에게 전해졌다. 하지만 그렇게 다가온 북한의 모습들은 평양 등의 극히 제한된 공간에서 담긴 이미지들이었다. 웅장한 주석궁과 인민대회당, 소년궁전 등 북한 최고의 건축물들과 단정하고 말끔하게 정리된 도시의 모습, 그리고 주체의 신념으로 가득 찬 북한 주민들의 모습들이 그것이다. 하지만 그것은 북한 안내원의 안내를 받으며 방문한 지역과 공간에서 촬영이 허용된 북한의 모습이었다. 그래서 북한 사람들의 있는 그대로의, 다양한 삶의 모습 보기를 갈망하던 남한의 사람들의 바람을 채워 주기에는 부족했다.

한편 1990년대 중후반부터 북한 일반 민중들의 고단한 삶이 담긴 비디오 영상이 남한의 TV를 통해 '공개' 되었다. 북한 당국의 철저하고 단단한 통제의 손길을 뛰어넘어 촬영된 이 영상은 북한 '내부 영상'이라는 이름으로 불리며 장벽에 가리워진 북한 내부의 삶을 적나라하게 드러냈다. 이 '내부 영상'은 중국과 북한의 국경 너머로 관찰된 영상들과, 북한으로 들어가 숨겨진 카메라로 담아낸 영상들이었다. 중국에 숨어 살고 있던 탈북자의 증언과 장마당의 모습, 장마당을 떠도는 꽃제비들, 노동단련대나 공개처형의 현장까지. 증언으로만 존재했던 현장들이 북한 당국의 통제를 넘어 외부 세계에 영상으로 직접 제공되었다.

너무나 극단적인 삶의 모습이 담긴 북한의 이미지 속에서 남한의 사람들은 혼란을 겪어야 했다. '모순된 이미지들이 극단으로 공존하는 사회를 어떻게 이해해야 하는가' 라는 문제가 제기되었기 때문이다. 일사불란한 통제가 지배하는 사회의 모습과 그 통제가 미치지 않는 사회의 모습. 이 대립적인 이미지들은 그동안 문헌을 통해 이념적으로 이해해 왔던 북한을 이론적 환상의 세계가 아닌 현실로, 또한 실제로 바라보게 하는 전환점을 마련해 주었다. 그 일을 가능하게 한 것은 사실을 추구한 이미지의 힘이었다. 가공되지 않은 실제의 현장들을 담아낸 사진과 영상의 기록이었던 것이다.

1990년대 후반. 그 시대는 한반도가 대립을 넘어 화해와 평화를 위해 격렬하게 맥박이 고동치는 격동과 격변의 시대였지만 북한 사람들에게는 죽음과 삶의 기로에서 처절한 고통을 감내해야만 했던 고난의 시절이었다. 북한 사람들은 이 시절을 '고난의 행군' 이라고 불렀다.

《북녘 일상의 풍경》은 남한의 한 사진가가 수년 동안 북한의 일상을 주의 깊게 관찰하면서 기록한 수천 장의 사진 가운데 남한의 사람들이 현재의 북한을 정확하게 이해하는 데 도움이 되는 사진들을 모아놓은 사진집이다. 사진가는 자신이 목격한 북한의 모든 것을 담고자 노력했다. 그 집요한 집념은 그가 촬영한 한 장 한 장의 사진에 고스란히 담겨 있다.

《북녘 일상의 풍경》은 남과 북을 통틀어 북한의 '고난의 행군' 시기를 사진으로 담아낸 유일한 기록이자 역사다. '고난의 행군' 시절을 냉정하고 날카롭게 카메라에 담은 《북녘 일상의 풍경》은 북한의 체제를 선전하기 위한 것도, 북한 체제를 비난하기 위한 것도 아니다. '고난의 행군' 시절의 북한 모습을 있는 그대로 남한의 사

람들에게 전해 주기 위한 것이다. 사진가는 이렇게 말한다.

> 나는 지금의 북한 사람들이 어떻게 살고 있는지 알고 싶었다. 우연히 오랫동안
> 북한에 머물 수 있는 기회가 행운처럼 나에게 다가왔다. 이 기적 같은 행운은 나
> 를 들뜨게 했지만, 한편에는 왠지 모를 불안함도 있었다. 나는, 사진가인 내가
> 북한에서 할 수 있는 일은 현재의 북한을 기록하는 일이라 생각했다. 남쪽 사진
> 가의 시선으로 말이다.

이런 소박한 한 사진가의 바람으로 시작된 북한의 기록은 수천 장의 사진 기록으로 담겨졌다. 이 사진에 보이는 북한은 모습은 이제 우리의 과거 기억 속에 어렴풋하게 남아 있는 풍경처럼 정답게 다가서고 있지만, 그 모습 속에는 너무도 변해 버린 북한 사회의 삶의 모습들이 들어 있다. 한편으로 너무도 익숙하고 친근하지만 다가서기에는 왠지 낯설고 어색한 모습들이 공존하는 공간이 현재의 북한이다.

사진집 《북녘 일상의 풍경》에서는 '고난의 행군' 시기를 고단하게 살았던 북한 인민들의 삶이 담백하게 담겨 있다. 물론 여기에 나오는 사진들은 북한의 전 지역을 돌면서 기록한 것은 아니다. 하지만 이 사진들은 북한 당국의 안내나 통제를 벗어나서 촬영된 것이다. 이 사진들은 북한 인민들의 현재의 삶과 역사를 진솔하게 담고 있다.

어느 협동농장원의 방, 함경남도, 2003

협동농장 분조장의 안방 모습으로, 벽에는 가족사진 액자가 걸려 있다. 백날(백일)사진의 주인공은 5대 독자이며 지금은 소학교에 다니고 있다. 반대편 벽에는 김일성 주석과 김정일 위원장의 초상화 2개가 걸려 있고 조금 떨어진 곳에는 같은 크기의 (둘이 사업을 논하는 전신사진) 액틀이 하나 더 모셔져 있다. 이불장과 옷장이 가지런하게 정리되어 있고 흑백 TV가 있다. 북한 어디를 가나 김일성 장군의 초상화는 사진촬영을 금한다. 초상화의 유리에 빛이 반사되어 행여나 장군님 영상이 잘못 찍힐까 염려되기 때문이다. 지붕 위에 타이어를 뺀 자전거 바퀴를 장대 끝에 매달아서 TV안테나로 쓰고 있었다.

과장도 없고, 찬양도 없다.

이 사진 한 장 한 장은 이미지로서만 나타나는 것이 아니다. 세심한 주의와 고도의 긴장감을 가지고 촬영된 순간 순간의 이미지들은 겉으로 보이는 현상을 넘어 북한 사람들의 삶과 그 삶을 지배하고 있는 정치구조의 문제를 세부적으로 드러낸다. 사진가는 촬영을 하면서 이미지만을 담아낸 것이 아니라 사진 안에 담긴 내용을 집요하게 확인하고 검증하면서 기록해 갔다. 그의 사진 안에는 주체의 철학이 관통하는 북한 인민들의 삶의 모습이 세밀하게 묘사되어 있다.

이 사진들에는 우리들이 흔히 신문이나 잡지에서 한 번은 본 듯한 장면들도 포함되어 있다. 하지만 이 사진들은 어디선가 보았던 낯익은 이미지 속에서도 아무런 지식 없이 단기간 북한에 머물면서 촬영한 사진과는 달리, 북한 사람들의 삶을 이해할 수 있는 풍부한 취재 내용을 담고 있다. 사진가는 말한다.

> 북한 사람들의 일상을 이해하기 위해 부단한 노력을 기울였다. 우리와는 확연하게 달라져 버린 북한의 말을 이해하려고 북한의 국어사전을 놓고 단어 공부를 해가며 북한의 신문과 방송을 세심하고 주의 깊게 살펴보았다. 사진에 담긴 북한의 외양은 얼핏 보면 우리의 1960, 70년대 모습처럼 보이지만, 나는 사진 안에서 우리의 생활과는 너무도 달라져 버린 북한의 일상을 발견할 수 있었다.

《북녘 일상의 풍경》은 '고난의 행군' 시기를 사진으로 기록한 현대 북한의 민중생활사다. 이 사진집을 과감하게 사진으로 쓴 역사책으로 평가하는 것은, 문자로 기록된 문서에는 결코 묘사된 적이 없는 북한 사람들의 삶의 현장을 이 사진집이 꼼꼼하고 바지런하게 담아냈기 때문이다. 사진가는 북한 사람들의 삶의 모습을 사회학자나 인류학자처럼 세심하게 관찰하고, 철저하게 연구하고 검증해 가면서 사진 한 장 한 장을 기록해 갔다. 이 사진들은 관찰과 연구의 과정을 고도로 응축해 낸 결과물이다. 이 사진집 속 한 장 한 장의 사진은 돌이키거나 지울 수 없는 북한 사람들의 삶의 기록이다.

《북녘 일상의 풍경》은 사진집이면서 사진 한 장 한 장에 간단한 설명이 달려 있다. 가능하면 감정이나 평가를 배제하고 사진가가 관찰하고 기록해 낸 사실들에 친절하지만 냉정한 설명을 달려고 했다. 사진의 이미지에 담겨 있는 내용들을 하나하나 설명한 것은 낯익음에 숨어 있는 차이와 진실을 보여 주기 위한 것이다.

그리고 사진을 설명하고 표현하는 단어들은 되도록 북한에서 쓰고 있는 용어를 그대로 사용했다. 해석이 아니라 있는 그대로를 드러내기 위함이다. 그것은 같은 단어지만 전혀 다른 의미로 사용되는 단어 표현의 노출을 통해 60년이라는 단절의 세월이 만들어낸 차이의 깊이를 절실히 느껴보자는 의미에서다. 정치적, 사회적, 경제적 내용을 담은 사진들에는 그 역사적 배경이나 사회적, 정치적 의미들을 간단하게 설명했다. 하지만 해석은 가하지 않았다. 해석은 독자의 몫으로 남겨 두었다.

이 사진 기록은 북한 사람들의 고통과 시련을 담고 있어 가슴이 아프다. 하지만 그 고통과 시련은 숨기거나 피할 수 있는 것이 아니라 우리가 철저하게 인식해야 하는 사실이고 진실이다. 그것은 현실이기 때문에 더 가슴이 아프다. 이 사진 기록은 제한된 시간과 공간에서 드러난 북한의 보여지지 않았던 진실의 일부다. 또한 이 사진 기록은 남한도, 북한도 보여 주려고 하지 않았던 북한 사회의 감출 수 없는 한 단면이다.

우리 식대로 살아왔다

만개한 살구꽃

봄이 되어 살구꽃이 온 마을을 뒤덮었다. 새봄을 맞아 지붕을 새로 단장하기 위한 공사가 벌어지고 있다. 초가지붕처럼 보이는 지붕들이 여기저기에 보인다. 지붕을 올리는 중간 과정에 있는 집들이다. 짚으로 덮은 지붕에 다시 흙이 발라지고 그 위에 기와가 올려져 집이 완성된다.

함경남도, 1998

하모니카집

하얀 회칠로 단장한 하모니카집* 옆으로 봇짐을 멘 주민이 걸어가고 있다. 창문 하나가 한 세대가 살고 있는 집이다. 나무굴뚝 사이로 곳곳에 각이한* TV 안테나가 보인다.

하모니카집은 지역에 따라 다르지만 열에서 스무 세대 정도가 함께 살도록 되어 있다. 전쟁이 끝난 후 1950년대 복구 건설 시기에 임시로 지은 가설 주택이었다. 독립 가옥을 건설할 경우에 생기는 비용과 시간의 문제를 해결하기 위해 만들어진 것이다. 도시에 노동자들이 많이 살고 있는 공업지구에 많이 분포되어 있다.

북한에서는 한국전쟁 이후 베이비붐 시기에 태어난 아이들이 1970년대 들면서 결혼연령에 이르자 주택 수요가 급증했지만 이를 해결하기에는 역부족이었다. 하모니카집처럼 임시 가설시설로 지어진 주택들도 재건축을 하지 못하고 그대로 사용해야 하는 상황이었다.

* 일자형의 단층 다세대주택으로 각 세대의 창문이 마치 하모니카 구멍처럼 보인다고 해서 하모니카집이라 부른다.

* 각기 다른.

햇볕 쬐기

연료가 귀한 북한에서는 실내가 매우 춥다. 그래서 겨울에도 집 안보다도 햇빛이 드는 바깥이 더 따뜻하다. 남자 아이와 여자 아이가 하모니카집 담벼락에 기대어 햇볕을 쬐고 있다. 나무굴뚝에 비닐을 감아 연기가 잘 빠지도록 만들어놓았다. 지붕은 기와가 아닌 골박판으로 덮었다.

북한은 1990년 개정한 민법 제50조에서 "국가는 살림집을 지어 그 리용권을 로동자, 사무원, 협동농민에게 넘겨주며 그것을 법적으로 보호한다"고 규정하고 있다. 모든 주택의 소유권은 국가에 있고 주민들은 주택을 이용할 권리를 보유한다는 점을 명시해 놓았지만, 주민들의 주택보급률은 50~60% 수준에 머무르고 있다.

북한은 심각한 주택난을 해결하기 위해 각 기업소가 스스로 노동자에게 필요한 주택을 지어주라는 '과제주택' 정책을 시행했다. 또한 제3차 7개년계획기간(1987~1993년) 동안에 23~30만 호의 주택건설방침을 세우기도 하였지만 5만 세대 건설에 그쳤다.

북한은 기본적으로 주택의 사적 소유와 거래를 금지하고 있다. 하지만 1980년대 중반 이후 주택난이 악화되면서 주택의 음성적인 매매거래가 묵인되고 있는 것이 현실이다. 최근 식량난 때문에 주택을 팔고 식량을 구입하는 행태도 늘어나고 있다.

하모니카집 굴뚝

기와로 지붕을 이은 하모니카집 옆으로 널빤지를 이용해 만든 나무굴뚝이 잘 정렬되어 있다. 도시 주택의 경우 원래 굴뚝은 구멍 난 블록을 쓴다. 토피관*을 사용하기도 한다. 이것이 용이하지 않을 때는 널빤지를 이용해서 굴뚝을 만들기도 한다. 함경도 일부 지역에서는 옹기관을 사용하기도 한다. 속이 빈 통나무를 사용하는 구세굴뚝도 있다.

    북한에서는 주민 동원을 용이하게 하고 노동력을 조직화하기 위해 집단거주 형태가 많다. 난방이나 취사 연료는 대부분 구멍탄, 갈탄, 목재, 농작폐기물, 열진* 등을 사용한다. 함경도의 경우 주변 탄광의 고갈로 1980년대부터 연료난을 겪기 시작했다. 연료 부족 상태가 장기화하면서 1990년대 중반부터는 장마당에서도 연료가 팔리기 시작했다.

* 흙벽돌로 만든 관.

* 가루로 된 석탄.

강냉이 식량

북한의 주식량은 강냉이다. 뙈기밭에서 큰 강냉이들이 가을 햇빛에 널려 있다. 강냉이들의 알곡이 매우 실해 보인다. 안주인의 깐진[*] 일솜씨를 엿볼 수 있다. 이 강냉이들은 1년 동안의 주식이 될 것이다.

    북한에서는 강냉이로 별의별 음식을 다 만든다. 옥쌀이라고 부르는 강냉이쌀부터 국수, 떡, 죽, 밥 등 강냉이를 재료로 한 음식의 가짓수만도 30~40가지에 이른다. 오른쪽의 전면은 우물에서 물을 길어 올리는 두레박으로, 함석으로 만들어져 있다.

[*] 빈틈없고 야무진.

귀한 메주

북한에서는 수로, 논두렁, 뚝방 나무묘목 주변, 소나무 사이 등 모든 자투리땅에 콩, 수수, 조, 뚝감자*, 피 등을 농장원들이 심어 먹을 수 있게 하였다. 그래서 부지런한 인민들은 논두렁에 콩을 심어 수확을 한 뒤에 메주를 만들어 토장(된장)을 먹을 수 있게 되었다. 이전에는 구역의 장醬 공장에서 만든 옥수수된장과 도토리된장만 먹던 사람들이 콩을 많이 심어서 토장을 담가 먹을 수 있게 된 것이다. 이후로 부지런한 사람은 배급에만 매달리지 않고 각자 알아서 먹고 살아야 하는 현실 앞에서, 인민들은 차츰 장사를 하거나 뙈기밭 농사를 하며 적응해 가고 있다. 그래서 북한에서 사라져버렸던 메주가 다시 처마 밑에 나타난 것이다. 하지만 메주는 함경도에서 매우 보기 드물다. 주먹만한 메주의 모양도 매우 독특하다.

* 돼지감자.

지방 도시의 아파트

겨울철이면 난방용 연료 문제가 큰 걱정거리다. 베란다에 겨우내 사용할 장작을 잘잘하게 뽀개서 쌓아놓고 있다. 겨울철 건건이*로 쓸 명태를 말리고 있는 집도 보인다. 창틀과 사람들의 손이 닿는 부분에 흰 칠을 해 아파트 외양을 단장해 놓았다. 북한에서는 설 기간이나 2·16, 4·15 등 국가적인 명절이 있는 시기에는 위생문화 월간이라고 해서 매우 엄격하게 외장의 치장 작업을 독려한다.

　　평양의 일부 고층 아파트를 제외하고 지방도시에서는 4-5층의 아파트가 일반적 주택 형식이다. 슬래브 블록을 쌓아 건축한 것으로 블록의 강도가 낮아 높이가 제한된다. 농촌의 아파트는 2-3층의 연립주택이 보편적이다. 농촌 주택의 경우 토피*로 만들기 때문에 미장을 하기는 하지만 비에 약하다.

* 반찬, 찬거리 등.

* 흙벽돌. 볏집을 잘게 썰어서 흙과 섞어서 만든 것과 흙으로만 만든 것이 있다.

고급 표준주택

표준화된 농촌지역의 전형적인 아파트다. 각 가구마다 가을에 수확한 고추를 말리고 있다. 북한의 주택은 국가의 표준 설계로 규격화되어 있다. 북한에서는 "민족적 양식에 사회주의적 내용을 담으라"는 당의 방침에 따라 적은 자재를 효율적으로 이용해서 주민들이 편리한 생활을 할 수 있도록 조선식 살림집을 건설하고 있다.

북한에서 주택은 국가의 예산으로 건립되는 '집단적 소유물'이기 때문에 행정당국이 성분과 지위에 따라 배정한다. 방 1~2개에 부엌 1개가 딸린 아파트형의 연립주택이 일반적이다. 북한은 2004년 전국에 현대적인 농촌주택 1만 호를 지었다고 발표했다. 개성지구 등에서도 현대식 농촌주택이 건설되고 있다는 보도가 나오고 있다. 2002년부터 농촌의 집가꾸기 운동이 대대적으로 전개되고 있다.

협동농장의 문화주택

겨울 채비에 들어간 협동농장의 문화주택의 모습이다. 이들 주택은 단독 세대로 구성되어 있다. 가을걷이를 끝내고 집집마다 텃밭에서 일군 배추로 김장 준비에 한창이다.

협동농장의 경우 남새*반은 물론이고 과수반도 월동 채소는 작업반 별로 자기 면적을 가지고 재배해서 김장을 담는다. 김장 배추는 공동 재배해서 현장에서 분배하거나 차량으로 집 근처까지 이동한 뒤에 개인분배하는 경우도 있지만, 씨만 뿌리고 나서 일정 재배 면적을 배당하고 각자 키워서 수확하는 경우도 있다.

텃밭은 30평까지 인정되는데 수확물은 전적으로 개인 소유다. 원칙적으로 채소류 같은 부식물만을 가꾸게 되어 있다. 텃밭의 농업생산성은 협동농장의 3~5배에 이른다. 텃밭과 함께 국가가 인정하는 합법적인 경작지로 부업밭*이 있다. 부업밭은 텃밭보다 훨씬 크고, 고추나 감자, 옥수수, 콩 등을 재배해서 작업반이나 직장의 부식물 공급에 주로 소용된다. 잉여농산물의 경우에는 작업반이나 직장 내에서 나누어 갖기도 한다.

* 채소.

* 협동농장이나 공장, 기업소의 작업반이나 직장단위로 농사를 지울 수 있게 한 농지로, 부업으로 부치는 밭이다.

어느 중소도시의 대로

평양을 벗어나면 포장도로는 매우 드물다. 평안도에서 함경도로 가는 중요한 국도의 하나인 이 도로는 매우 큰 도로지만 이곳 역시 비포장이다. 북한의 어디를 가도 그렇지만, 좋은 집들은 대로변에 나와 있고 누추한 집들은 대로변에서는 눈에 잘 안 띄는, 공간에 배치되어 있다.

함경남도, 2000

어린이 간식

한 아이가 무우가 자라는 텃밭 옆에서 간식거리인 무우를 먹고 있다. 북
한에서도 가을걷이 무렵은 풍성한 먹을거리로 인하여 가장 살기 좋은 계
절이라고 할 수 있다. 왼쪽의 아이는 수지(플라스틱)신발을 신고 있고, 오
른쪽의 아이는 헝겊신을 신고 있다. 뒤에 보이는 흙 담장은 비가 많이 오
면 허물어져 쌓고 또 쌓기를 반복한다.

눈 석이철*의 거리 모습

송도갑으로 가는 길이 시작되는 곳이며, 보물향나무*가 거목으로 보호되고 있는 동네로 가는 길이다. 거리 중간중간에 1~2평 규모의 조그마한 봉사매대(간이상점) 몇 개가 보인다. 매대에는 얼음과자, 꽈배기, 빵, 사탕 등을 팔고 있으며, 꽃을 파는 꽃방도 있다. 가스라고 적혀 있는 곳은 가스 라이터에 가스를 넣어주는 매대다. 추운 날인데도 아이들이 거리에 많이 나와 있다.

* 눈이 질퍽질퍽 녹는 때를 말한다.

* 수령이 매우 많은 보호수.

썰매 타는 아이들

빙판길에서 신나게 썰매를 타는 행복둥이들이다. 북한의 어린이들은 과외가 없어서 언제나 "부럼 없어라!" 한다. 외발기*는 좀 더 큰 아이들이 탄다. 겨울철이면 아이들은 호케이(하키) 놀이를 하며 해 저무는 줄 모른다. 추운 북한 지방 어디에서나 빙판길은 미끄럼 타는 어린이들로 흥성인다. 아이들은 팽이치기, 연날리기, 빠찌먹기(딱지), 베아링먹기(구슬), 망돌까기, 진놀이 등등으로 놀기도 한다.

* 날이 하나뿐인 썰매.

물지게를 진 어린이

석[*]으로 만든 들통에 물을 가득 담아가는 어린이의 모습이다. 아마도 소학교에나 다닐 듯한 나이다. 신고 있는 헝겊신의 뒷부분이 닳아 뒤꿈치가 거의 없다. 쫄짱 우물[*]이 있는 집도 있으나 시골의 대부분은 공동 우물에서 물을 길어 먹는다. 지하수가 오염된 곳이 많으며 이질, 파라티푸스, 콜레라 등의 전염병이 주민들을 항상 위협하고 있다. 위생의 날(매주 월요일)과 위생 월간(3,4월)이 지정되어 예방의학만으로 인민들을 보호하고 있는 실정이다.

* 함석.

* 펌프로 물을 길어 올리는 우물.

거리의 옷차림

갈음옷*을 입은 한 노인이 딸따리*를 밀고 가고 있다. 대개 갈음옷 한 벌로 사계절을 보낸다. 명절이 되면 깨끗한 옷(정장)을 입고 태양상에 인사하러 가고, 작업할 때는 작업복으로 갈아입곤 하였으나 나라 형편이 어려워지자 옷 한 벌로 사계절을 보내는 시절이 왔다. 학생들은 학생복 한 벌로 일 년을 버티고 내복은 모두 다 단복*으로 대신하고 있다. 옷 공급이 없어지자, 권력이나 돈을 가진 사람들은 아이들에게 중국에서 수입한 옷을 사 입혔다. 간혹 영어가 쓰인 옷을 입는 경우도 생겼다.

* 외출복.

* 손수레.

* 운동복, 트레이닝복.

봉사매대

마을 주민들이 널찍한 도로변에 설치된 봉사매대*에서 물건을 사고 있다. 포장이 안 된 넓은 도로에 자동차는 보이지 않는다. 잘 정비된 가로수를 따라 한가하게 걷고 있는 여성의 뒷모습이 보인다.

    도시 곳곳에 있는 봉사매대에서는 술, 담배는 물론 군밤, 꽈배기 같은 과자나 음식도 판매한다. 봉사매대는 여맹*에서 인민반 여성에게 운영 허가를 주는 경우와 판매 능력이 모자라거나 물자가 부족해서 운영하지 못하는 것을 개인에게 불하하고 임대료 형식의 비용을 받는 경우 두 가지가 있다.

    최근 평양에는 간판을 붙이고 '군밤', '군고구마', '에스키모'* 등을 판매하는 봉사매대들이 성업하고 있다. 평양역 주변 창광거리에 꾸며진 종합 야외 봉사매대는 많은 사람들이 찾는 인기 장소의 하나다. 창광봉사 관리국에서 운영하는 봉사매대는 계절에 따라 봄에는 쑥떡, 달래무침, 진달래꽃전 등을, 여름에는 에스키모와 도마도화채*, 가을에는 송편, 개피떡, 토란탕 등을, 겨울에는 만두와 떡국 등 다양한 먹을거리를 판매한다.

* 거리에 설치된 간이상점을 말한다.

* 북한의 유일한 여성 정치단체인 조선민주여성동맹의 줄임말이다.

* 아이스께끼.

* 토마토화채.

경쟁도표

시금치밭의 상큼함이 다가서는 한가로운 북한의 농촌 풍경이다. 건물 앞마당에 토피를 만들어 말리고 있다. 하얗게 회칠을 한 건물의 벽에 속보판이 만들어져 있는데, 벽 가운데에 막대그래프로 만들어진 경쟁도표* 가 보인다. 이 경쟁도표를 통해 각 작업반들 사이의 경쟁과 생산을 독려하고 있다.

* 공장이나 농촌에서 작업반의 생산 성과를 기록해 경쟁심을 유발하기 위한 공개성과표다.

냉동기

장마당에서 산 냉동기[*]를 우차로 운반하고 있다. 북한의 농촌에서 냉동기는 유력자나 간부, 돈 많은 사람이 아니면 갖기가 힘든 세간이다. 일반 농민들과는 거리가 먼 물건인 것이다. 2002년 '7·1경제관리개선조치' 이후에 나타난 새로운 풍속도다.

* 냉장고.

자전거

자전거에 물건을 싣고 포장된 고속도로를 걸어가고 있다. 자전거 앞에 있는 짐바구니에는 자전거 번호판이 달려 있다.

　'고난의 행군' 시기 북한에서는 자전거도 고난의 시기였다. 북한 당국은 자전거의 도난 때문에 고심하다 번호판을 만들어 관리하기 시작했다. 1999년 2월부터 시행하기 시작한 자전거 번호판은 도난 방지와 관리를 위해 인민보안성*에서 일괄 발급했다. 처음에는 손잡이 위에 붙였는데 앞에 붙여 눈에 잘 보이도록 했다. 자전거 번호판은 9㎝ 정도의 원형 철판에 위에는 지역 이름과 아래에는 일련번호를 표시한다.

　인민보안원이나 교통보안원이 자전거 번호판과 자전거 면허증을 대조해서 검열*을 한다. 자전거 면허증은 인민보안성에서 실시하는 자전거 운전과 교통안전 시험에 합격해야만 발급받을 수 있다. 번호판을 달지 않고 자전거를 사용했을 때는 벌금을 내야 한다. 자전거를 훔쳤다가 드러났을 때는 노동단련대에서 3개월의 사상검증을 받아야 한다.

* 한국의 경찰청에 해당한다.

* 검문.

이삿짐

달구지에 흔하게 볼 수 없는 이삿짐을 실었다. 이삿짐이라고는 옷장 1개와 이불장 1개, 밥상, 이불 등 단출한 세간뿐이다.

북한에서 이사는 흔하지 않다. 주택을 개인이 소유할 수 없기 때문에 단위의 이동이나 결혼 등 특별한 사항이 아니면 이사는 거의 하지 않는다. 하지만 최근 식량난의 영향으로 농촌에서도 음성적인 주택거래가 이루어지면서 이사 모습을 간혹 목격할 수 있다.

북한 주민들은 "사람이 살려면 오장육부가 있어야 하듯이 가정에도 '5장 6기'가 있어야 한다"고 말한다. 5장이란 이불장, 옷장, 책장, 신발장, 찬장이고, 6기란 TV수상기, 냉동기, 재봉기, 사진기, 녹음기, 선풍기다. 이 5장6기는 최고위 특권층이 아니면 꿈도 꾸지 못하는 것이다.

일반 농민들은 '2장3기' 정도의 기초 세간만을 갖추고 있어도 그나마 형편이 나은 상황이다. 최근 농촌에서는 생필품 및 식량을 구입하기 위해 세간을 내다 팔고 있는 실정이어서 가구 사용은 최소화되어 있다.

역전 풍경

기차 시간표가 없어지고 또 기차가 비정기적으로 다니다보니 기차를 기다리는 사람들이 무료함을 달래기 위해 주패놀이*를 하기도 한다. 옷을 다 풀어 헤친 인민군들의 모습도 보인다.

나무그늘에서 사람들이 줄줄이 드러누워 있는 모습도 보인다. 더운 여름 점심시간(12시-오후 2시)에 주어진 오침(낮잠) 시간을 즐기고 있는 사람들이다.

협동농장에서도 무더운 여름에는 점심시간을 3시간 주어 쉬게 하고 시원할 때 일을 할 수 있게 배려를 하기도 한다.

* 서양식 카드놀이와 비슷한 것으로 장기놀이, 윷놀이와 함께 북한 사람들에게 가장 일상적인 오락. 카드로는 구하기 쉬운 중국식 트럼프(56장 짜리)가 많이 쓰인다. 현금이나 담배 등을 걸고 내기 도박하기도 한다.

단속근무

보안성의 경무관과 무력부 병사가 농민시장 부근의 거리에서 근무를 서는 모습이다. 착검한 AK소총을 휴대하고 경계를 서고 있다. 거리를 오가는 사람들의 발걸음이 분주하다. 오른편에는 장마당에서 팔 물건을 실은 딸따리를 끌고 가는 장사꾼도 보인다.

북한 주민들은 국영상점이나 직매점 등에서 공급이 부족해 구하지 못하는 생필품은 물론 채소 등의 부식물을 농민시장*에서 구한다. 북한에는 인민시장이라는 재래시장이 있었는데, 1958년부터 농촌지역을 중심으로 1일, 11일, 21일에 장이 서는 10일장의 형태로 변화되었다. 주로 농촌의 잉여농산물을 내다 판다.

1990년대 들어 식량과 생필품 등의 배급체계가 무너지면서 300-500개의 장마당이 북한 전역에서 상설 운용되고 있는 것으로 알려지고 있다. 장마당은 한때 단속 대상이 되기도 했지만 현재는 오히려 활성화되어 거래금지 품목이던 식량은 물론 중국 등에서 유입된 다양한 상품들이 유통되는 통로가 되고 있다.

북한의 농민시장은 2003년 3월 종합시장으로 개편되어 평양에만 40개소, 북한 전역에 300개소 이상 상설시장으로 운용되고 있다고 한다. 북한은 상업 유통체계의 개혁을 통해 국영 공급체체에서 시장 유통체제로 전환되어 가고 있다.

* 농민시장을 장마당이라 부르기도 한다.

되거리꾼

장마당의 길목에서 시장에 물건을 내다 팔 사람들을 기다리고 있는 되거
리꾼*들의 모습. 되거리꾼들은 장마당 가까이나 도시 입구의 경비초소 같
은 곳에 기다리고 있다가 "팔 것 아닙니까? 팔 것 아닙니까?" 하면서 물
건을 가져오는 사람들을 호객한다. 경비초소 뒤로 전봇대에 '반간첩투쟁
을 벌리자' 라는 구호가 붙어 있다.

　　북한의 농민시장에서 유통되는 물품이 채소만이 아니라 식량, 일용
품, 육류 등 일체의 생활필수품들로 확대되어 유통조직이 분화되면서 전
문 중간상인인 되거리꾼이 생겨났다. 일반 농민이 직접 시장에서 물품을
판매할 경우 하루에 10~15원의 장세를 지불해야 하기 때문에 장마당 입
구에서 되거리꾼에게 물품을 팔아버리는 경우가 일반적이다.

　　낱알* 되거리 장사처럼 장사꾼이 농장을 찾아가 쌀을 사서 장마당에
직접 내다 파는 일도 있다. 저울로 눈속임을 해서 많은 이익을 남기는 경
우도 있다고 한다. 1990년에 개정된 북한의 민법 155조에서는 '싼 물건
을 더 비싸게 파는 되거리하는 것을 금지' 하고 있지만 현실적으로는 통제
하지 못하고 있다.

* 농민들의 생산품을 사들여 전문적으로 장마
당에서 다시 비싸게 팔아넘기는 중간상인을
말한다.

* 쌀.

데이트하는 남녀

잘 자란 소나무들 아래 인분 회수용 달구지를 끌고 가고 있다. 그 앞으로
는 도시형 옷차림의 남녀가 손을 잡고 데이트를 하고 있다. 이 송전* 부근
에 외화벌이 수산기지가 자리하고 있어, 평양의 상급단위 회사나 무역상
의 지사 관계자들이 거래나 물자 운반을 위해 내려오기 때문에 도시와 농
촌의 사람들이 만나는 풍경이 연출되고 있다.

　　최근 농촌에서는 사료나 퇴비를 만들기 위해 인분을 모으는 운동을
하고 있다. 대개는 공동변소나 도소재지나 공업지구가 있는 도시에서 인
분을 회수하지만 직장에서도 일정 목표를 정해서 분토를 모으기도 한다.

* 소나무밭.

주체의 나라

행진하는 학생들

학생들이 행사에 참여하기 위해 남학생 2줄과 여학생 2줄로 행진을 하고 있다. 행사를 위해 준비한 가장물*을 손에 쥐고 행진하는 여학생도 보인다. 그런가 하면 한 학생은 사진에 찍히지 않으려고 눈을 질끈 감고 있다. 추운 날씨임에도 치마를 입고 있다. 뒤에는 분단위원장과 같은 간부 학생이 있으며, 학급위원장은 맨 앞에 서서 간다.

* 여러 행사에 사용하는 소품.

행사를 마치고 돌아오는 여학생들

신년행사에 참여했다가 돌아오는 여학생들. 가락장갑[*]을 끼고 있다. 깃발은 주로 학생 간부들이 갖고 다닌다. 새해가 되면 공동사설[*] 관철을 위한 정치행사들이 열린다. 이러한 정치행사에 참여하려면 학생들도 산뜻하고 정갈한 복장으로 차려입어야 한다.

[*] 손가락을 제대로 다 낸 장갑. 손가락장갑.

[*] 로동신문 등 주요 기관지에 신년의 주요 목표를 설정한 사설이 공동으로 실린다. 신년사.

소년단

붉은색 머플러를 두른 소년단원들이 행사를 마치고 돌아가고 있다. 행사에 사용되었던 도구들과 깃발들을 가지고 걷고 있다. 추위 때문에 일부 단원들은 외투를 걸쳤다.

붉은색 머플러로 상징되는 북한의 소년단체인 소년단은 1946년 6월 6일 창단되었다. 소학교 2학년이 되면 자동으로 가입되는 소년단은 "공산주의의 후비대가 되기 위해 항상 배우며 준비하자"를 강조하고 있다.

소년단에 대한 지도는 북한의 청년단체인 사로청* 중앙위원회가 전담하는데, 혁명 투사가 되기 위한 학습은 물론 집단 행동을 훈련하고 각종 건설공사에 노력 동원되기도 한다. 소년단원들은 주요 행사 때 주체혁명 위업을 완성하기 위해 준비하겠다는 결의를 담아 "항상 준비"라는 구호를 외친다.

* 조선사회주의 노동청년동맹.

함경남도, 1998

집단체조

학교 운동장에서 명절 행사를 위해 학생들이 집단체조를 연습하고 있다. 학교 뒷산에는 다락밭이 조성되어 있고, 김일성의 현지 교시를 철저히 관철하자는 구호가 보인다.

　　북한의 집단체조는 1930년대 항일무장혁명투쟁 시기에 창작된 '꽃체조'에 기원을 두고 있다. 북한의 집단체조는 단순한 체육 활동을 넘어 예술성과 사상성을 가지고 있는 것이 특징이다. 집단체조는 매 시기마다 국가의 노선과 정책을 알리고 북한 주민들에게 이의 관철을 호소하기 위한 내용으로 만들어진다. 북한은 집단체조를 확대, 발전시키기 위해 지난 1971년 11월 집단체조 창작단을 조직해서 운영하고 있다.

　　김정일 국방위원장은 "집단체조는 공산주의자만이 할 수 있는 것"이라고 언급하고, "높은 사상성과 예술성, 체육적 기교가 잘 배합된 종합적이고 대중적인 체육 형식"으로 규정했다. 한 작품을 완성하기 위해서는 반년 정도의 훈련 기간을 필요로 한다. 이 때문에 집단체조 훈련은 일상적으로 북한 학생들을 강한 공산주의적 인간으로 성장시키는 수단이 되고 있다.

함경남도, 1998

취주악대

김혁 청년돌격대[*]와 취주악대가 붉은기를 휘날리며 행진하고 있다. 군위 깃발을 선두로 로동당기, 인공기, 사로청기, 김혁청년돌격대 깃발 등이 보인다. 분위기를 고조시키기 위해 학생 취주악대 소고대가 연주를 하고 있다.

신년 공동사설을 관철시키기 위해서나 김정일의 현지지도가 있고 난 직후에 이를 실천하기 위해서 정치행사가 열린다. 지역의 모든 주민이 총 동원되는 이 행사는 당이나 정권기관, 주민 등 각 조직의 생활단위에서 동원된다.

김정일 국방위원장이 1974년 3월 청년동맹 전체회의에서 청년들이 속도전 운동에 앞장설 것을 강조하자 이듬해 속도전 청년돌격대가 조직 되었다. 사회주의 경쟁운동을 전개하기 위한 것이었다. 1980년대에는 김 혁, 차광수 등의 이름을 앞에 붙여 그들의 정신을 살리고자 했다. 김혁은 김일성의 항일무장투쟁 시절의 혁명 동료로 김일성에 대한 충성심을 혁 명적 신념과 의리로 지켰다고 알려져 있다.

* 청년돌격대는 1946년 5월 '재난의 강' 이었던 보통강을 정비하는 개수공사 때 처음 등장했다. 청년돌격대가 보통강 개수공사를 성공적으로 완수하자, 각종 공사현장에 투입하기 위해 청년돌격대를 임시로 조직하여 운용했다. 청년돌격대는 북한 경제의 어렵고 힘든 부분에서 선봉적인 역할을 수행했다.

선전화와 속보판

"위대한 수령 김일성 동지의 혁명사상으로 더욱 철저히 무장하자"라는 사로청의 구호를 담은 선전화[*]가 건물의 중앙을 차지하고 있다. 양쪽으로 속보판이 보인다. 마을의 중심부에 설치하는 속보판에는 신문을 대신해서 여러 소식은 물론 공장 등 작업장에서의 작업 성과도 실린다. 운영은 문화부에서 하지만 당 선전부에서 지도를 한다.

선전화의 핵심은 김일성 부자에 대한 묘사다. 북한에서 예술적 평가의 기준은 김일성 부자의 사상, 정신적 풍모와 인간성을 그려내는 데 있다. 선전화는 김일성 부자를 화면의 중심에 위치시키고 노동당의 정책이나 강령 등을 단시간 안에 선전하고 선동하기 위한 목적으로 제작된다.

호소력 있고 전투적인 선전화를 통해 북한의 주민에게 끊임없이 약동하는 현실과 시대의 숨결을 느끼고 투쟁을 선도하는 선구자로 나아갈 것을 요구한다. 선전화는 시기성, 기동성 등 강력한 전파력을 가지고 사람들이 잘 모이는 장소나 사람들의 눈에 잘 띄는 거리에 부착하여 대중을 선동하는 역할을 한다.

[*] 북한에서 정치, 경제, 문화, 군사 등 여러 분야에서 의의 있는 현상과 대상을 직관적으로 보여 주는 정통 미술 형식이다. 당의 노선과 정책에 따라 대중의 투쟁을 선도하고 혁명과 건설에 대한 당의 영도를 실현하는 데 매우 중요한 매체다.

함경남도, 1998

2 · 16 최대 명절

2 · 16경축판 앞을 지나가고 있는 행인들 뒤로 태양상이 보인다. 태양상
은 김일성 주석 사망 100일을 맞아 만수대창작사 조선화창작단의 김성호
와 김민성이 함께 그린 김일성 주석의 초상화를 말한다. 김일성 생전인
1985년 서해갑문 준공식 때 활짝 웃는 모습을 찍은 사진을 기초로 해서
초대형으로 그린 것이다.

태양상

북한의 도시나 마을의 입구에는 반드시 김일성의 태양상과 영생탑이 있다. 영생탑에는 "위대한 수령 김일성동지는 영원히 우리와 함께 계신다"라는 구호가 적혀 있다. 태양상 앞에서는 교양마당이 펼쳐져 여러 정치행사가 진행된다.

관문의 구호 왼편에 종합수매상점의 간판이 보인다. 국가가 경영하던 5호상점이 붕괴하면서 개인에게 운영을 허가한 개인 잡화상점이다. 나진, 선봉 등에서 중국 상품을 가져와 판매하고 일정 이익은 상급 단위에 분배하기도 한다.

김일성 장례식 이후인 1994년 7월 20일부터 북한 전역에서 '1호작업'이라 명한 김일성 관련 문구 및 초상화 교체작업이 이루어졌다. 서해갑문 준공식 때의 김일성 사진을 그림으로 그린 초상화로 교체하는 작업이었다. 북한 각지에 "위대한 수령 김일성 대원수님의 만수무강을 삼가 축원합니다"라는 문구가 적혀 있던 만수무강탑은 영생탑으로 바뀌었다.

김일성의 태양상은 1호작품이라 하여 만수대창작사의 1호작품과에 소속된 1호작품 미술가만이 그릴 수 있다. 태양상은 당 중앙위원회 선전선동부에 계획을 제출하여 허락을 받은 다음에야 제작할 수 있다. 태양상은 살아 있는 수령과 다름없이 간주되어 건립 장소까지 운반되는 동안 현지지도 때와 마찬가지로 보위부, 당위원회, 인민보안성에서 나와 차량과 통행자를 통제한다. 1호행사*로 불리우는 이 행사가 진행되는 동안 모든 차량은 일절 움직일 수 없으며, 보행자는 형상물에 경의를 표하도록 되어 있다.

* 김일성과 김정일에 관한 모든 행사를 가리키는 말.

경축판

눈이 오고 있는 가운데 한 어린이가 화려하게 장식된 경축판을 읽고 있다. 경축판은 명절을 기념하기 위해 세운 것이다. 매년 김정일의 생일인 2월 16일이 되면 이를 축하하기 위해 직장단위마다 경쟁적으로 경축판을 만든다. 김정일에 대한 찬양과 충성을 맹세하는 내용이 주를 이룬다.

총폭탄

북한 여성 두 명이 총을 메고 총폭탄이라는 구호가 적힌 배낭을 짊어진 채 철길을 따라 걷고 있다.

    총폭탄이란 사로청, 군대, 인민무력성*, 청년근위대가 김정일 장군을 자신들이 육탄으로 보위하겠다는 의미다. 북한의 주민들은 "육체적 생명은 죽어도 정치적 생명은 영원"하며 정치적 생명을 부여하는 수령을 결사 옹위하는 총폭탄이 될 것을 다짐하는 구호와 함께 일상을 살아가고 있다.

* 이전의 인민무력부.

함경남도, 2000

여군관

작전 가방을 메고 권총을 휴대한 여자 군관의 모습이다. 추위를 감싸기 위해 목에 두른 목도리와 빨간 장갑은 정식 복장이 아니라, 자신이 직접 뜨개질로 만들어 조달한 것이다. 규정에 맞는 복장에서는 장갑의 경우 오른손의 검지만 나오도록 만든 러시아제 가죽장갑이 공급되었었다.

■ 밭곡식의 왕은 강냉이

강냉이 영양단지

산지가 80%가 되는 북한에서 강냉이는 주식의 하나다. 북한은 '밭곡식의 왕'[*]인 강냉이의 수확량을 늘이기 위해 영양단지 농법이라는 독특한 이식 재배 방식을 채택하고 있다. 생육일수를 줄일 수 있고, 안정 생산을 할 수 있는 방법이라 해서 1975년부터 급경사 지역을 제외한 북한 전역에서 이 농법을 사용해 강냉이를 재배하고 있다.

　　강냉이 영농단지 농법은 가축의 두엄이나 퇴비로 만든 부식토와 흙을 섞어 담은 영양단지에 파종하여 기른 다음, 시기의 차이가 있기는 하지만 대개 그 지역의 끝서리가 지난 다음에 이식을 하여 기른다. 영양단지를 만들고 파종에서 이식까지 많은 인력을 투입해야만 한다. 뒷편의 큰 건물은 탈곡장이다.

[*] 김일성은 "강냉이는 밭곡식의 왕입니다" "강냉이 영양단지가 좋습니다"라는 교시를 통해 강냉이 영양단지 농법이 주체농법의 핵심임을 강조했다.

강냉이 영양단지 찍기

여성 두 명이 강냉이 영양단지 모판을 만들어가고 있다. 헝겊으로 만든
벙어리장갑을 끼고 삽과 찍는 기계를 이용해서 강냉이 영양단지를 만들
고 있다.

영양단지 감

농민들이 강냉이 영양단지를 만들기 위한 준비를 하고 있다. 밭에는 영양
단지를 만들기 위한 모판 감*이 곳곳에 준비되어 있다. 삼각 지붕 모양의
온실도 보인다. 남새를 재배하기 위해 만들었지만 난방 등의 관리를 하지
못해 일부 지역을 제외하고는 온실은 거의 활용하고 있지 못하고 있다.

* 영양단지를 만들기 위해 준비한 부엽토 등
의 재료.

함경남도, 1999

일 나가는 사람들

농민들이 강냉이 밭을 관리하기 위해 삽과 들통[*]을 들고 들판으로 나가고
있다. 아이도 따라 나섰다. 북한에서 농촌의 노동력은 기본으로 여성들이
담당하고 있다. 여성들은 군대나 주요 공장에서 일하는 대신 농사를 지
으면서 가사를 함께하는 이중고를 감당해야 한다.

* 양동이.

주체농법

강냉이밭에 나와 일을 한 농민들이 한가로이 쉬고 있다. 영양단지 모종을 이식한 밭에 옥수수가 자라고 있다.

북한 주체농법의 핵심은 포기농사, 적기적작適期適作·적지적작適地適作, 과학적 영농방법의 세 가지 원칙이다. 포기농사는 작물의 간격을 최대한 조밀하게 배치해 소출을 늘리는 밀식재배密植栽培를 뜻한다. 적기적작은 계절의 변화와 농작물의 생육에 따른 시기선택의 중요성을, 적지적작은 토양과 기후조건에 맞는 작물을 골라 심는 것을 강조한 것이다. 과학적 영농방법은 북한의 기후와 풍토, 토양과 토질, 농작물의 생물학적 특성 등을 고려해 그에 맞게 생산기술과 공정, 생산방법 등을 과학화한다는 것이다.

북한은 이러한 주체농법을 "영농사업에서 확고히 견지해야 할 영농원칙과 과학적인 영농방법을 전일적으로 체계화한 완성된 농법"이라고 강조하고 있다. 하지만 김일성의 이름으로 제시된 주체농법은 실행과정에서 발생할 수 있는 오류의 시정 가능성을 원척적으로 봉쇄하고 있기 때문에 북한의 식량난을 악화시킨 한 요인으로도 분석되고 있다.

물 주기

주체농법으로 가꾼 강냉이들이 탐스럽게 자라고 있다. 진거름[*]을 주는 농민들의 손길이 분주하다. 비료의 공급이 원활하지 않은 북한에서는 땅의 기름기를 회복하기 위해 농민은 물론 노동자, 사무원들을 모두 동원해 진거름 회수 운동을 벌이고 있다.

북한은 1999년 2월 농촌테제 발표 35돌 기념 중앙보고회를 통해 주체농법에 대한 정의를 "농민들의 의사와 자체 살림에 맞게 농사짓는 과학적인 방법"이라고 재해석했다. 종래의 김일성식式 주체농법이 김정일 체제로 진입하면서 농민들에게 다소 재량권을 부여하는 새로운 영농농법으로 식량문제 해결에 주력하고 있다. 하지만 아직까지 식량문제에 대한 뚜렷한 해결은 이루어지지 않고 있다.

[*] 인분.

함경남도, 1997

잘 먹인 황소

코뚜레가 뜯어진 흔적이 있는 황소가 끄는 우차와 함께 주민들이 언덕을 내려오고 있다. 좌측의 강냉이밭은 인민군 부업밭이었다.

북한에서는 연유가 부족하여 부림소를 이용해 많은 일을 하고 있다. 그래서 "부림소를 많이 기를 데 대한 수령님 교시를 철저히 관철하자"라는 구호가 있다. 북한에서 소는 국가 재산으로, 개인 소유를 금하고 있다. 그래서 항상 소를 잘 키우라고 한다. 나라의 재부인 조선소를 개인 소유로 인정하였더라면 고난의 행군 시기에 살아남은 소가 없었을지도 모른다. 300만 명이나 굶어 죽었다고 추측을 할 만큼 혹독한 시절을 보낼 때 부림소를 잡아먹으면 공개 총살시킨다고 하여 부림소들이 살아남을 수 있었다.

함경남도, 2003

학생동원

노력동원되었던 학생들이 학교로 돌아가고 있다. 딸따리를 끌고 가는 학
생들 사이로 몇몇 소년단 복장을 한 학생들도 보인다. 학생들은 농촌의
주요한 노동력이다. 모내기 철이 되면 학생들은 수업을 중단하고 수시로
농촌지원을 해야 한다.

　　지역에 따라서 영양단지 농법을 학생단지 농법이라 부르기도 한다.
이식을 위해 영양단지 하나하나를 조심스레 손으로 운반해서 옮겨 심는
작업 등에 많은 잔손질과 노력이 절대적으로 필요하기 때문이다. 이를 위
해 조직적으로 대규모의 학생이 동원되기도 한다. 주체농법의 핵심인 영
양단지 농법은 이식을 위해서는 대규모 학생동원이 필요해 인해전술농법
이라 부르기도 한다. 최근에는 협동농장이 가족 및 친인척 단위로 분조를
편성하면서 학생들 노력동원이 점점 줄어들고 있다.

11 6'02

뙈기밭 수수 재배

소나무 사이에 남아 있는 공간에 수수를 심어 기르고 있다. 조그마한 뙈기밭*만 있어도 한 톨의 수수라도 얻기 위해 수수밭을 만들었다. 부족한 식량을 조달하기 위한 지혜들이 동원되는 절박함이 묻어나는 공간이다.

텃밭이나 부업밭처럼 뙈기밭은 북한 당국이 공식적으로 허용하지 않고 있었다. 식량난이 심각해지면서 북한은 2002년 7월 농업부문의 개혁을 통해 개인경작지로 400평까지의 뙈기밭을 인정하고 대신 수확량의 15% 정도를 국가의 토지사용료로 부과하고 있다. 일부에서는 감독관을 매수해서 수천 평의 뙈기밭을 경작하는 개인농도 나오는 등의 불법행위도 나타나고 있다. 일부 지역에서는 무분별한 뙈기밭과 부업밭 개간으로 산림이 더욱 황폐해지고 있다.

* 규모가 매우 작은 자투리 밭을 일컫는 말. 식량난이 악화되면서 농민들이 산기슭의 버려진 땅이나 척박한 땅을 일구어 농사를 지으면서 그렇게 생겨난 땅에도 뙈기밭이라는 이름이 붙었다.

감시초소

탈곡장과 보관창고가 있는 협동농장의 담 밖에 다락망대[*]를 설치하고 도난 등을 막기 위해 24시간 사람을 두고 감시한다. 저녁에는 3명이 한 조가 되어 돌아가면서 감시한다. 물론 협동농장 안에도 당직을 둔다. 수확을 앞둔 강냉이밭도 감시를 강화한다. 밤에 강냉이를 훔쳐가는 일이 빈번하게 일어나기 때문이다. 매복초소를 설치하는 경우도 있다.

[*] 다락은 층을 이루거나 높다는 뜻의 말로 다락 모양으로 된 감시대를 뜻한다.

도토리 말리기

수확한 도토리를 쌓아서 말리고 있다. 도토리는 된장을 만들거나
냉면 등의 재료가 되기도 한다. 움막을 지어 기숙하면서 도토리를
지키고 있다. 감시원들이 무료함을 달래기 위해 주패놀이를 하고
있다.

함경남도, 1999

모내기전투

함경남도의 용전리 협동농장에서는 1998년부터 직파*를 하는 농사방법
을 시험 재배하였다. 2005년부터는 긴 싹을 틔운 볍씨를 직접 논에 파종
하는 방법을 장려하여 전국으로 확대시키고 있다.

* 모판에 키우는 과정 없이 직접 씨를 뿌리는
방법.

거름 내는 여성 농장원

여성 농장원이 새해 영농 준비를 위해 밭에 거름을 내고 있다. 비료가 부족한 북한에서는 토양의 지력을 높이기 위해서 인분을 사용한 퇴비를 사용하고 있다. 북한을 다녀온 남쪽 사람들이 한결같이 하소연하는 것 중에, 북한 남자들은 군대로 다 가고 군에 못간 농장원들은 담배만 피우며 잡담만 하거나 그늘에서 쉬고 있는 데 반해, 모든 힘든 농장 일을 여성들이 도맡아 하는 것으로 보인다는 것이다.

새해 영농 준비

농가에서 새해 영농 준비를 하고 있다. 마당에 쌓아놓은 새끼줄은 봄에
냉상모판*을 만들기 위한 것이다. 집 앞의 기다란 말뚝과 줄은 줄당콩*을
키워서 수확한 것을 보여 주고 있다. 전쟁 전에 지어진 것으로 보이는 기
와집이다. 왼편 빨간색 지붕은 새롭게 덧지은 것이다.

* 보온 못자리.

* 강낭콩.

냉상모판

봄철 모내기를 앞두고 냉상모판에 나와 묘를 살펴보고 있는 농민들. 모판 주위로 말뚝을 박고 짚으로 방풍나래*를 만들어 바람을 막고 있다. 밭은 파종을 위해 이랑을 정리했고, 논에는 모를 이앙하기 위해 물대기를 하고 있다.

　　　북한은 봄철 기온이 낮고 벼의 생육기간이 짧기 때문에 안전 재배를 위해 마른땅에 모판을 설치하고 보온해서 키운 다음 이앙하는 냉상육묘冷床育苗를 하고 있다. 냉상육모에 의한 건묘 육성은 북한 주체농법의 핵심기술로 1950년대부터 보급되기 시작했다.

　　　냉상모판은 1950년대 보급 초기 합창식 냉상모판*이나 토벽식 냉상모판*을 설치했다. 1960년대 초반부터 비닐박판*이 공급되면서 냉상육묘의 개량 시험이 시작되었고, 1970년대 이후 지금의 냉상모판으로 정착되었다. 냉상육묘의 기술체계는 일본 홋카이도의 냉상육묘 기술을 도입해서 북한 실정에 맞도록 발전시킨 것으로 추측하고 있다.

* 바람막이.

* 토벽을 쌓지 않고 유리 창문이나 기름종이 창문을 마주 덮어주는 방법.

* 모판의 앞, 뒷벽 토벽을 쌓고 유리 창문이나 기름종이 창문을 비스듬하게 설치해서 빗물을 잘 흘러내리게 하는 방법.

* 염화비닐피복 .

메탄가스 이앙기

북한 농민들이 메탄가스 이앙기로 모내기 작업을 하고 있다. 메탄가스 이
앙기는 기체 형태의 메탄가스를 비닐에 담아 동력으로 이용한다. 현재 일
부 지역에서는 모내기를 하지 않고 볍씨를 바로 직파하여 재배하는 경우
도 있다. 북한은 벼의 생육기간이 짧고 기온이 낮아 증산을 위해서는 잎
면적을 늘리고, 이삭 수를 확보해야 하기 때문에 밀식재배인 포기재배 방
식을 채택하고 있다.

피 수확

농민들이 논두렁에 자란 피를 수확하고 있다. 농민들은 식용이 가능한 피를 농수로에 심어서 재배한다. 가을에 대가리만을 잘라 수확하는데, 부족한 식량의 대용식으로 피죽이나 피쌀 등을 만들어 먹는다.

함경남도, 1997

물길 째기

단기간 모든 지역 주민들을 총동원해서 물길 째기* 공사를 하고 있다. 북한에서 대규모의 공사는 지역 주민을 총동원해서 진행한다. 사람마다 일정 구간을 배정받아 수로를 만드는 작업을 하는 방식으로 단기간에 집중적인 공사를 한다. 까벨 공사*도 같은 방식으로 진행된다.

* 수로 공사.

* 케이블 공사.

함경남도, 1998

뜨락또르

잘 정리된 농로를 달리는 천리마호 뜨락또르[*]. 가을걷이를 끝낸 들판의 오른편 수로 옆으로 심어진 피도 수확을 마친 상태다.

　북한이 뜨락또르를 처음 생산한 것은 1958년. 러시아제 트랙터를 분해하고 조립하는 과정에서 무수한 시행착오를 거친 뒤에 자체 개발한 천리마호 뜨락또르의 생산에 성공했다. 금성뜨락또르공장에서 생산한 28마력의 천리마호 뜨락또르는 북한 자력갱생의 상징으로 기념우표에도 등장하고 있다. 이후 북한은 2001년 9월부터 60마력의 신형 뜨락또르 천리마 2000의 시제품 생산에 성공했다고 발표했다. 하지만 아직은 대중적인 보급을 하고 있지 못하고 있는 상태다.

* 트랙터.

가을걷이

농민들이 한 해 벼농사를 마무리하는 가을걷이를 하고 있다. 가을걷이한
벼를 뜨락또르에 연결차[*]를 달고 와서 싣고 있다.

* 자체 동력을 갖고 있지 않은 차량으로 뜨락
또르 등에 연결하여 짐을 싣고 이동하는 데
사용한다.

동원된 학생들

학생들은 농촌지역의 주요한 노동력의 하나다. 벼베기가 끝나고 찬 바람이 불기 시작하면 농촌의 학생들은 난방용 땔감을 확보하기 위해 들과 산으로 나간다. 산에서 모은 솔방울, 소나무껍질 등을 학생들이 가마니나 마대에 담아서 나르고 있다.

함경남도, 2002

우차 수송

우차*를 이용해서 가을걷이를 끝낸 볏단을 탈곡하기 위해 협동농장의 탈곡장으로 수송하고 있다. 북한의 농촌에서 우차는 일반적이고 대중적인 운반수단이다. 우차 13대가 동원되고 있다.

* 소달구지.

함경남도, 1997

붉은기1호는 달린다

평라선 철길이 있는 풍경

북한은 전기철도가 일반적이다. 산악 지형이 많다는 지형적 제약으로 디젤보다 견인력이 좋은 전기를 사용하고 있다. 또한 석유 수급이 원활하지 못해 전기기관차를 통해 동력을 자급화하기 위한 이유도 있다.

북한 철도의 총연장은 1995년말 현재 5,112Km다. 이 가운데 80% 정도가 전철화되어 있다. 하지만 전력의 공급이 원활하지 못하고, 기관차가 낙후되어 대부분의 기차가 제대로 속도를 내지 못하고 파행 운행되고 있다.

북한의 철도는 화물 수송의 90%, 여객 수송의 60%를 담당하고 있다. 북한의 철도는 중국과 러시아를 연결하는 국경철도를 확보하고 있어 국제무역을 통한 물류 수단으로 매우 중요한 경제적 의미를 지니고 있다.

붉은기1호

김일성 주석이 직접 이름을 지었다는 붉은기1호 기관차는 아직도 철로를 달리고 있다. 북한이 1961년 8월 자체 제작, 생산한 기관차다. 이 붉은기 1호 기관차는 국기훈장, 노력영웅훈장, 3대혁명붉은기쟁취훈장 등 공훈 메달을 우측에 4개, 좌측에 6개 달고 있다. 26년간 무사고를 기록했다는 붉은기6호도 낡고 닳은 철길 위를 내부 연한의 개념이 없이 지금도 달리고 있다. 2002년 이후에는 김종태 전기기관차 공장에서 만든 좌석차가 등장하여 평라선을 운행하고 있다.

청년절 기념호

청년절기념호라고 불리는 이 기차는 청년절을 기념해서 만든 기관차다.
오른쪽 창문 윗부분을 유리를 대신해서 나무 판자로 막고 있다.
　　청년절은 8월 28일로, 청(소)년을 위한 북한의 사회주의 명절을 말한
다. 8월 28일은 1927년 김일성 주석이 만든 조선공산주의청년동맹의 창
립기념일이다.

상급열차와 일반차

상급차와 일반차로 나뉘어 있는 객차의 모습이다. 위의 사진은 상급차의 모습이고, 아래 사진은 일반차의 모습이다. 일반 객차의 경우는 자유석이지만 상급차와 침대차는 지정석으로 운영한다. 지정석을 탄다는 것은 권력이나 돈을 의미한다.

기차는 북한에서 가장 대중적인 운송수단이다. 대부분은 전기기관차지만 일부 지역에 증기기관차가 남아 있다. 전력 공급이 불안정하고 선로가 노후화되어 있어 일부 특수열차를 제외하고 거의 모든 열차는 사람들로 넘쳐난다. 열차는 상급차와 일반차로 나뉘어 있는데 일반차는 거의 창문이 없는 상태로 운행되고 있다. 2000년 이후에는 일반차에 다시 창문이 달리기 시작했다.

일반차

일반차에 탄, 가장 왼쪽에 보이는 승객은 화장실에 들어가 있다. 이처럼 화장실 안에도 승객들이 자리를 잡기 때문에 용변을 보는 데 매우 불편하다. 특히 여성들은 기차가 정차할 때 창문으로 우루루 나와 밖에서 용변을 보고 돌아온다. 승객이 많아 객석을 뚫고 지나가는 것이 힘들기 때문이다.

빵통으로 편성된 화물열차

다양한 종류의 빵통*이 편성된 화물열차가 달리고 있다. 화물을 싣고 빵통 위에 사람들이 올라타서 화물을 지키고 있다. 뒤편에는 낡은 일반 객차를 개조해 이용하고 있는 빵통도 보인다. 창문은 널빤지로 막고 있다.

북한에서는 1990년대부터 "빵통을 산다"라는 말이 나돌았다. 개인 또는 몇몇 사람들이 철도부에 의뢰하여 불법으로 일정 기간 동안 빵통을 빌리는 것을 뜻하는 말이다. 신의주나 나진선봉까지 빵통을 이동시켜 수입품이나 수출 물자를 운반하는 데 사용한다. 북한에서 유통수단으로는 자동차와 차량이 쓰인다. 자동차 수송보다는 싸기 때문에 철도를 많이 이용한다.

빵통을 통째로 빌려 한 달에 일정액을 지불하고 이용하는데, 이 빵통을 빌린 화주는 물품을 수송할 때 반드시 빵통 위에 올라타서 자신의 화물을 지켜야 한다. 때로는 안전원을 고용하기도 한다. 빵통을 도난당하는 경우가 많기 때문이다. 역에서 도난당하는 경우도 있고, 철도 일군이 도난을 하는 경우도 있다. 심지어는 빵통을 습격해서 탈취하는 경우도 있다. 이 때문에 완전히 전투라고 표현하기도 한다.

* 기차 화통 1량을 뜻한다.

빵통

군인들과 일반인들이 함께 빵통을 타고 가고 있다. 물건을 덮은 짚을 잡고 올라타느라 짚이 늘어져 있다. 사진의 중국제 빵통은 무역을 통해 들여온 것인데, 빵통 자체를 돌려주지 않고 막 남용하다가 파괴될 정도가 되었을 때 돌려주어 중국으로부터 많은 항의를 받았다.

함경남도, 2002

우마차사업소

우마차사업소[*]에 소가 없는 우차들이 일렬로 정리되어 있다. 연료
난이 심각해지면서 우마차는 매우 유용한 교통, 운송 수단이 되었
다. 우차를 필요로 하는 기관이나 단위, 사람들은 일정한 비용을
지불하고 우마차사업소에서 우차를 빌려 사용하고 있다.

* 각 군단위별로 행정위원회 도시경영부 산하
에 소, 말 등을 이용하여 기관, 기업소 및 개
인들의 물동량을 운반하는 일을 전담하는 사
업소다. 평양을 제외한 모든 도, 시, 군에서
운영되고 있다.

함경남도, 1997

이동수단 우차

사람이 우차에 올라타서 이동하고 있다. 소와 우차는 북한에서 아주 유용한 이동수단이자 운반수단이다. 북한에서 소는 개인이 소유할 수 없기 때문에 협동농장이나 우마차사업소에서 관리를 한다. 우차는 가재도구나 땔감, 수확물 등을 나르는 것은 물론 환자들을 병원으로 수송하는 데도 쓰인다.

장거리 우차

우차가 이불 등의 가재도구를 나르고 있다. 강낭짚* 등이 실려 있는 것은
장거리 수송 과정에서 소에게 먹이기 위한 소의 곽밥*이다.

* 옥수수 이삭을 따 낸 줄기와 잎. 강냉이짚.

* 도시락.

함경남도, 1998

환자 수송용 우차

우차를 이용해 환자를 수송하고 있다.

자력갱생

목탄차 타는 사람들

북한의 소도시나 농촌에서는 대부분 목탄차[*]로 사람들을 수송한다. 이 사람들은 트럭 위라서 한겨울 추위에 그대로 노출되지만, 그래도 몇날 며칠을 걸어서 다니는 사람들보다는 행복하다고 할 수 있다.

[*] 화물차 적재함의 앞부분에 보일러를 설치하고 숯과 나무를 땔감으로 사용하여 엔진을 가동할 수 있게 한 자동차. 1985년 북한은 유류가 부족해지자 지방의 차량을 목탄차로 개조하여 사용하고 있다.

함경남도, 1998

차잡이

러시아에서 들여온 신형 까마즈에 차잡이[*]하는 사람들을 태우고 있다. 운전석은 물론 짐칸에도 사람들이 가득하다. 자전거에 짐을 싣고 가는 사람 앞으로 마이크로버스가 달리고 있다.

　　기차 이외에는 대중교통 수단이 발달되어 있지 않은 북한에서 트럭을 이용한 이동은 일반화되어 있다. 김일성은 '농촌버스화'를 언급하면서 지역간의 원활한 이동을 위한 교통수단으로 버스를 대중하려는 의지를 나타냈지만 실현하지 못했다.

　　8·3차라고도 부르는 차잡이 차는 8·3 인민소비품창조운동[*] 이후 일반화되기 시작했다. 운전사가 자동차를 몬다는 자신의 권한과 교통이 불편하다는 사회의 상황을 이용해 영업을 하는 것이다. 북한의 운전사들은 한바탕 뛴다고 하는데, 목적지에서 도착지 사이에 운전사가 100원짜리 담배를 한 마대 버는 경우도 있었다. 사람의 불편함과 권한을 이용해서 턱없이 이윤을 추구한 것이다. 이 수입 가운데 일부는 상급단위에도 분배를 한다. 시간이 지나면서 이 분배는 완전히 가격화되었다.

* 지나가는 차를 세워서 함께 타고 가는 것을 차잡이라고 한다. 차를 타는 사람들은 운임 대신 담배나 술 등을 지불하는데, 이것은 운전사의 과외수입이다. 차잡이는 기차 이외에는 대중교통 수단이 거의 발달하지 않은 북한에서 일반 주민들이 먼 거리를 이동하는 수단이다.

* 1984년 8월 3일에 이루어진 경제조치.

함경남도, 1998

승리트럭에 탄 차잡이들

드럼통을 실은 북한산 승리58 트럭에 차잡이를 한 사람들이 타고 있다. 차잡이는 남녀노소를 가리지 않는다. 노인 오른편으로 아이를 안고 있는 여성도 보인다. 북한 사람들에게 차잡이는 먼 거리를 이동하는 주요한 수단이 되고 있다.

북한의 차량번호는 크게 군번호와 사회번호로 나뉜다. 군이나 무력 관계의 차량은 군번호를 사용하고, 나머지는 모두 사회번호를 사용한다. 군 번호는 숫자만으로 이루어져 있다. 사회번호는 지역, 부문, 고유번호의 조합으로 표시된다. 함남, 함북과 같은 지역이 먼저 나오고, 검찰이나 당기관, 교육, 과학, 문화 등 부문을 나타내는 숫자가 나온다. 마지막으로 차량의 유일번호가 붙여진다. 유일번호가 등록번호가 되는데, 이 번호는 안전부의 교통지휘대에서 부여한다.

부문을 나타내는 번호는 216은 중앙당, 11은 지방당, 12는 인민정권기관, 14는 행정위원회, 15와 16은 안전부, 17과 18은 보위부, 20은 사법검찰, 57은 교육을 나타낸다. 유일번호는 승용차나 트럭, 화물차 등에 따라 다르게 부여된다.

빈 차 감독

차단소에서 통행차량을 검열하고 있다. 빈 차 단속이나 나무 단속, 식량 단속 등을 한다. 오른편은 북한산 승리58 가형의 군대차량. 뒤에 보이는 러시아제 지르에는 차잡이한 사람들이 타고 있다.

빈 차 감독은 전통적으로 있었던 것으로, 일상적인 일이다. 계획경제가 철저하게 집행되더라도 한쪽 수송이 일어나는 경우가 많다. 물품을 운반하고 돌아올 때 '물리지 못하는' 경우가 발생하여 빈 차로 움직이는 경우가 생기는 것이다. 이러한 낭비를 막기 위해 도시나 주요 지점에 차단소를 설치했다. 계획경제 사업의 맹점을 보완하고 효율성을 높이자는 의미에서 시행된 것이다.

하지만 최근에는 이러한 국가적 목적보다는 사적으로 이용되거나 기관의 권력 남용 사례가 빚어지기도 한다. 차단소에는 주변에서 차량을 이용해서 운반하고자 하는 물품이 있을 경우 빈 차 감독에게 미리 연락을 해놓고 대기하다가 빈 차가 들어오면 이 차를 이용해서 물품을 싣고 이동하는 경우가 있다. 이 차단소를 통해 국가계획과는 관계없이 빈 차들이 영업을 할 수 있는 체계를 갖추게 된 것이다.

산림에서의 채벌과 관련하여 나무 단속을 하거나 식량 유출을 막기 위해 식량 단속을 하기도 한다. 여러 단속이 많은데, 일반적인 것은 통행 단속이다.

차단소

검열원이 차단소遮斷所[*]에서 검열을 하고 있다. 통행 차량의 정지를 알리는 '섯' 이라는 안내판이 서 있다.

[*] 검문소.

고장 난 타키야

고장 난 승용차를 수리하기 위해 이동하고 있다. 1980년대 전반 루마니아에서 수입한 타키야인데, 오랫동안 관리를 하지 않은 채 사용해서 도장한 칠이 거의 벗겨졌다.

　　이 타키야는 보통 평양에서 내화택시*로 이용된다. 이 타키야는 택시로 이용을 했지만, 외화상점에서 북한에 거주하는 화교들에게는 개인적으로 구매할 수 있도록 했다.

* 북한에는 내화택시와 외화택시가 있다. 내화택시는 북한 화폐만을, 외화택시는 달러나 엔 등의 외화나 외화로 바꾼 돈표만을 운임으로 받는 택시다. 북한의 일반 주민은 거의 이용하지 못한다.

함경남도, 1998

주유

평양에서 출장 나온 차량에 운전사가 주유를 하고 있다. 휘발유를 10리터 들통에 담아 왔다. 호스를 이용해서 한쪽은 들통에 넣고, 한쪽을 입을 대고 빨아서 휘발유통 속으로 주유를 한다.

북한에서는 1980년대까지 휘발유표, 디젤유표라는 배정표를 가지고 연료를 배급받았다. 연료는 국가가 독점하고 있다. 계획경제하에서는 자재공급위원회에서 물자를 배급하는데, 연료상사에서는 구비서류를 표와 점검하여 연료를 공급한다. 이때 돈은 통용되지 않는다. 연료를 공급받기 위해서는 어떻게든 표를 구입해서 연료상사에서 교환을 해야만 했다.

1990년대에 들어서서 연료상사들이 연료를 정상 방법이 아닌 암시장에 처리하기 시작했다. 연료상사에서 빼올 때 연료는 연료상사 창고가 아닌 항구에서부터 분리되어 다른 곳에 보관된다. 장마당에서 작은 쪽지 하나 들고 "휘발유 사세요" 하면서 돌아다니는 사람에게 물어보면 차를 타고 '어디로 가라' 고 일러준다.

연료상사에서 공급되던 연료들을 장마당에서 시장가로 유통되는 것을 국가가 통제할 힘이 없었다. 그에 대응하고자 국가는 2000년부터 일부의 연료상사를 외화주유소로 전환시켰다.

명절 선물

김정일이 명절에 하사하는 선물은, 주로 술 1~2병 정도다. 뜨락또르 적재함과 연결차에 명절 선물용 술을 가득 실어 운반하고 있다. 북한의 술병은 항상 마개가 부실하여 술이 새기 십상이다. 술이 새는 것을 방지하기 위해 술병을 비스듬히 세워서 옮겨야 하며, 또 병끼리 조금만 부딪쳐도 병이 깨지기 때문에 왕겨를 병 사이사이에 넣어 운반하고 있다. 뜨락또르는 속도가 느려 지나가는 사람들이 올라타서 짐을 훔쳐가기도 한다. 술병 도난을 염려하여 관리자가 적재함에 타 지키며 가고 있다.

집단 이사

여러 대의 우차들이 집단 이사를 위해 모두 나서고 있다. 그런데 맨 앞의 소가 쓰러져 있다. 소는 한번 쓰러지면 자신이 기운을 차릴 때까지는 절대로 일어나지 않는다. 뒤의 우차들은 쓰러진 소가 기운을 차려 일어설 때가지 이동을 멈추고 기다려야 한다. 고난의 행군 시기에 북한의 부림소들도 인민들과 똑같이 고난의 행군을 해야 했다.

함경남도, 1998

연료통 자물쇠

빈 차 트럭이 차잡이하는 사람들을 기다리고 있다. 앞바퀴와 뒷바퀴 사이에 연료통이 보이는데, 연료 도난을 막기 위해서 연료통에 자물쇠를 달아놓았다. 미끄러운 빙판길을 지나기 위해 바퀴에 체인을 감았는데, 매우 부실해 보인다.

함경남도, 1998

차잡이하고 있는 사람들

먼 거리를 이동하고자 하는 사람들은 지역마다 차잡이하는 일정한 장소가 있다. 일종의 임시 정류소인 셈이다.

차잡이하는 사람들은 차량이 지나갈 때 돈이나 담배, 술 등을 보여주면서 차를 잡는다. 일단 차가 서면 돈이나 담배, 술 등을 운임의 형식으로 운전자에게 건네주고 승차해서 목적지까지 이동한다. 과거에는 도로 위에 제공할 물건을 운전사가 잘 보이도록 놓고 차를 기다렸지만 단속이 심해지자 윗옷에 물건을 숨기고 있다가 차가 지나갈 때 보여 주면서 차량을 세운다. 2000년부터는 돈과 담배를 흔든다거나 인민군들이 가로막는 행위가 일절 금지되었다.

차 지키기

눈 쌓인 도로에 고장이 나서 정차해 있는 다목적 트럭 아이파. 트럭 등의
차량에는 반드시 운전사와 협조원[*]이 동행한다. 운전사와 협조원이 추위
를 견디기 위해 불을 지피고 차량을 지키면서 다른 차량이 지나가기를 기
다리고 있다. 고장난 차량이라 하더라도 운전사가 옆에서 지키지 않으면
지나가던 사람들이 차량의 부품을 다 떼어가기 때문이다.

[*] 운전 조수.

차 고치기

고장 난 트럭을 고치기 위해 텐트를 치고 숙식을 하고 있다. 이동형 노상
정비소인 셈이다. 북한의 운전사들이 면허증를 따기 위해서는 일정한 정
비 기술을 가지고 있어야 한다. 이 트럭은 2박 3일 만에 수리를 마치고 운
행했다.

당간부와 주민

함경남도의 한 도 행정위원회 간부의 차량에 여성이 타고 있다. 벤츠 옆으로 봇짐을 진 일반 주민들이 걸어가고 있다. 북한에서는 현재 당이나 기관의 차량도 공적인 업무보다 사적인 업무에 사용되는 경우도 많다. 당이나 기관의 간부들과 일반 주민들의 격차를 눈으로 직접 볼 수 있는 현장이다.

　　군 행정위원회의 차량은 자본주의 국가의 차량을 사용하지 않고, 사회주의 국가에서 생산된 차량만을 사용한다. 과거 동독에서 생산한 볼가가 제일 많다. 도 단위의 경우 도소재지 외교단 사업부는 볼보, 도당은 신형 벤츠, 군행정위원회는 벤츠를 사용한다.

　　대개 북한에서는 운전사들이 기적을 빵빵 울리며 난폭하게 운전하며 흙탕물을 튀기고 다닌다. 길거리를 걸어다니는 인민들은 이를 피해서 다녀야 한다.

고난의 행군

시멘트 하역작업

초대소 건물 증축을 위해 포장이 되지 않은 시멘트를 창고에 쌓고 있다. 곧 비가 올 것 같은 날씨 때문에 귀한 시멘트 가루를 창고에 쌓고 있는 작업자들이 바빠졌다. 입고 있는 팬티는 부인들이 직접 재봉기로 만든 것이며, 머리카락 사이에 시멘트가 들어가지 못하도록 파마할 때 쓰는 비닐모자를 구해 쓰고 있다.

　　손에 끼고 있는 것은 가락장갑이 아니라 독특한 모양의 벙어리장갑이다. 삽은 긴 삽자루를 삽날에 박아 쓰고 있다. 옷을 훌훌 벗어던진 모습은 북한 여름 노동현장의 특징이라 할 수 있다.

함경남도, 1997

맞들이를 든 처녀들

두 처녀가 벌크시멘트를 맞들이에 담아서 이동하고 있다. 다림질이 잘된 바지와 와이셔츠를 입고 있는데, 이는 주위에 외국인이 있는 것을 의식해서 차려입은 것이다. 험한 작업 모습을 보이지 않으려고 곱게 차려입으라는 지시가 있었던 것 같다. 햇빛에 그을린 발을 보면 신발을 신었던 흔적이 없는 것을 알 수 있다. 북한에서 신발이 얼마나 귀한지를 말해 준다.

철근작업

사람들이 공사장에서 철근을 펴고 있다. 북한의 철근은 주름이 잡혀 있지
않으며 굵은 철사같이 밋밋하고 둘둘 말아져서 보내온다. 그러면 이와 같
이 펴서 망치로 잘라 철근으로 쓴다. 심지어 작은 못을 공장에서 생산하
지 않고 자력갱생으로 대장간에서 망치로 두들겨서 만들어 쓰고 있는 것
을 볼 수 있다.

함경남도, 1997

황금산

벌거벗은 산 언덕 앞에 "모든 산을 황금산 보물산으로 만들자"는 김일성 교시판
이 칠이 벗겨진 채 세워져 있다.

> 머루나 달래야 너 맛 좀 보자 / 새빨간 산딸기야 너도 좀 보자 / 바구니 하나
> 가 철철 / 철철철 넘치니 니나노 난노 (중략) 열매를 따는 처녀들 / 신바람 난
> 다네 니나노 난노 / 난노 난노 / 내 고향 황금산이 정말 좋구나.

이 노래는 '황금산 보물산'을 꽃 피워준 김일성을 흠모해 노래한 보천보전자
악단의 〈황금산타령〉이다. '황금산 보물산'은 산에 보물, 황금이 많다는 뜻이다.
산속의 산나물, 열매, 버섯 등이 바로 보물이라는 김일성의 교시에서 유래했다.

김일성은 1960년대 초 동해안을 시찰하는 도중 양덕지구에서 지방산업을
발전시키자는 구상을 하게 된다. 중앙은 중공업을 발전시키고, 지방은 자체적으
로 경공업을 발전시켜 생산물을 지역 인민이 소비하도록 하자는 구상이었다. 이
구상의 힌트를 주기 위해 김일성은 "이 산을 보라. 열매나 과일 등 얼마나 원천
이 많은가"라 하면서 "모든 산을 황금산 보물산으로 만들자"라고 교시했다.

이 교시가 나온 뒤 농촌과 도시의 주민들이 여가 시간을 이용해서 산열매를
따오면 수매를 해서 머루나 다래 등의 열매주를 만들거나 단묵을 만들고 누에를
치는 등 새로운 형식의 다각경리*를 강조하고 있다. 하지만 연료난이 심화되면
서 북한에는 번대산 붉은 산이 늘어나고 있다.

* 다양한 형태의 작물 재배를 통해서 토지의
활용도를 높이고 생산 증대를 꾀하는 경작방
식으로 농민들의 생활을 향상시키기 위해 권
장되고 있다.

함경남도, 1997

번대산[*]

* 대머리산, 민둥산을 뜻한다.

연료난이 심각하게 되면서 인가 주변의 산들은 하나둘씩 황폐해져 갔다. 인구가 집중되어 있는 도시 주변의 산들은 더욱 심각하다. 마을 주변의 산은 대부분 벌거벗은 번대산 붉은 산이 되어 아이들의 황량한 놀이터로 변해 버렸다.

　　'고난의 행군' 시기를 거치면서 북한의 많은 산은 더 이상 황금산 보물산이 아닌 하나둘씩 번대산이 되었다. 식량 증산을 위한 '새 땅 찾기 전투'로 다락밭[*]을 만드느라 급경사까지 개간했다. '풀과 고기를 바꾸자'는 구호 아래 풀판[*] 조성국이 만들어진 뒤 나무를 잘라내고 풀판 조성 사업을 전개했다. 송탄유[*]를 만들기 위해 소나무의 뿌리를 캐냈고, 토끼나 염소의 먹이로 풀을 먹이고 남은 것은 거름을 만들기 위해 풀베기 전투를 벌였다.

* 비탈진 곳에 계단 모양으로 만든 밭.

* 초지를 뜻한다.

* 대용 연료인 송진을 뜻한다.

다락밭

경사가 완만한 산을 개간하여 다락밭을 만들었다. 산마루까지 다락밭이 늘어서 있다. 멀리 신포항과 마양도가 보인다.

"다락밭을 만드는 것은 농작물의 수확고를 높이기 위한 중요한 방도의 하나이다. 협동농장과 해당 기관, 기업소, 단체는 비탈진 밭을 다락밭으로 만들며 여기에 반드시 관수체계와 배수체계를 세워야 하며 짐 나르기를 적극 기계화할 수 있도록 해야 한다."(북한 토지법 제49조)

다락밭 건설은 북한이 의욕적으로 추진한 토지 건설 사업이다. 산비탈에 수평 또는 완만한 물매를 가진 밭을 만드는 사업으로, 북한에서 식량 자급을 달성하기 위해 1970년대 중반 김일성이 제안한 자연개조 5대 방침의 하나로 적극 추진되었다. 16%에 불과한 북한의 경작면적을 늘리기 위해 경사 15도 이상의 산간지대를 개간하는 사업이었다.

하지만 이 다락밭 사업은 급격한 산림 훼손과 토사 유실로 인한 홍수, 농경지 범람을 초래했다. 다락밭 개간 사업이 문제점을 초래하자 1981년 자연개조 5대 방침은 4대 자연개조 사업으로 변경되었고 '새 땅 찾기 전투'라는 이름으로 변형되었다. 이 개간 운동도 과학적, 체계적으로 추진되지 못하고 야산을 개간하는 데 머물면서 계속해서 산림을 훼손하게 만들어 오히려 북한 농업 체계를 흔드는 요인이 되었다.

년로보장

년로보장[*]한 노인이 염소와 함께 풀을 베어 집으로 돌아가고 있다. 한없이 평화롭고 서정적인 북한의 농촌 풍경처럼 다가오지만 이 풍경 안에는 절절함이 숨어 있다. 북한의 주민들에게 염소는 귀중한 생명선이기 때문이다. 북한에서 소는 개인 재산으로 인정하지 않지만 염소는 개인도 키워 젖을 짜서 먹거나 장마당에 내다 팔 수 있도록 허용하고 있다.

[*] 정년퇴직.

염소분조

우산을 쓰고 우비를 입은 협동농장의 사양공飼養工*이 비가 내리는 가운데 방목한 염소들을 데리고 축사로 돌아오고 있다.

* 가축 따위의 사육을 맡아 하는 사람.

북한에서 염소에 관심이 높아진 것은 식량문제 해결의 일환으로 1996년 '풀 먹는 집짐승'을 대대적으로 사육하도록 하는 조치를 취한 다음부터다. 생명력과 번식력이 뛰어난 "염소는 적은 자금으로 최대의 이익을 내는 짐승"이기 때문에 사육이 장려되는 가축이다. 염소는 넓은 방목지가 필요 없기 때문에 80%가 산지인 북한에서 사육하기 알맞고, 젖도 소젖보다 기름기와 영양가가 높다는 장점을 갖고 있다. 협동농장에서는 축산반에 염소분조를 두고 염소를 사육하고 있다.

"풀과 고기를 바꾸자"라는 구호는 들판의 풀을 염소가 뜯어 먹게 하여 키워서 염소의 젖과 가공품을 생산하라는 김정일의 교시다. 김정일 국방위원장은 2001년 함흥에 있는 청년염소목장에서 염소젖과 젖가공품 생산을 늘리는 문제에 대해 현지 지도를 했다. 함흥청년염소목장의 성과를 널리 알리기 위한 〈함흥청년염소목장의 아침〉이라는 그림도 만들어졌다. 이 작품은 한가로운 염소목장의 아침을 낭만적으로 표현하고 있다.

염소젖 싸개

땔감을 멘 한 주민이 어미 염소 한 마리와 새끼 염소 두 마리를 몰고 집으로 돌아가고 있다. 가족들이 먹어야 할 어미 염소의 젖을 새끼 염소가 빨아먹지 못하도록 헝겊으로 만든 젖 싸개를 어미 염소에게 채웠다. 절박한 생활의 지혜다.

오리치기

농부가 오리들을 몰고 철길을 건너고 있다. 북한은 닭과 오리 등의 가금류와 토끼 등 소가축 중심의 축산을 주로 해오고 있다. 유엔식량농업기구(FAO)와 세계식량계획(WFP) 자료에 따르면, 2005년 북한의 가축 규모는 지난해와 마찬가지로 토끼가 1,967만 7,000마리로 가장 많은데 이어 닭-오리-돼지-염소-거위-소-양 등의 순으로 파악되었다. 오리는 461만 3,000마리에서 518만 9,000마리로 12% 증가한 것으로 추산된다.

함경남도, 2003

거름 주기

밭에 거름을 주기 위해 소와 염소를 데리고 이동하고 있다. 소 등에 얹혀진 도구는 거름을 담아 이동할 수 있도록 만든 도구로, 밑을 당겨서 열면거름이 자연스럽게 밭에 쏟아지도록 고안한 것이다.

낚시질

김일성은 생전에 낚시를 좋아했다고 하는데 그 때문인지 북한 사람들은 낚시를 무척 좋아한다. 대개는 민물낚시를 한다. 일반 각목을 둥글게 깎아서 만든 3개의 대를 연결해서 사용하는 이 조립식 각목낚시대로 잉어와 말붕어*를 척척 잡아 올린다.

* 월척.

　　대나무낚시대는 함경도 지역에서는 거의 볼 수가 없다. 평양에서는 기계낚시*를 볼 수 있고 함경남도에서는 음료수 깡통에 짧은 낚시대를 고정시켜 가이드링 구실을 하는 철사링을 3개 정도 달고 릴낚시 흉내를 낸다. 북한의 인민들이 바다낚시를 하기는 어렵다. 해안선은 위수지역*으로 인민무력성(이전의 인민무력부)에서 관리하기 때문에 일반인의 접근이 쉽지 않다.

* 릴낚시.

* 제한구역.

양어장 만들기

양어장 건설에 여성들이 동원되어 작업하고 있다. 파낸 흙을 머리에 이어 옮기고 있다. 한쪽에는 잠시 휴식을 취하고 있는 사람과 따라나온 아이들이 놀고 있는 모습도 보인다.

　　양어장은 규격화되어 네모반듯하게 땅을 파고, 돌각담*을 쌓고 물길 째기*를 하여 물을 끌어들이고 주변에 버드나무를 심어 완성한다. 버드나무는 양어장에 그늘을 만들고 수온 조절에 용이하고, 풍치가 수려하고, 나무에 꿰는 벌레를 잡아먹게 하기 위한 다목적의 효과를 노린 것이다.

　　북한은 1990년대 후반 수산조업 환경이 악화되어 어획량이 급격히 감소하자 식량난 극복을 위해 양어사업을 확대해 왔다. 2000년말 전국적으로 200여 개의 메기공장과 양어장이 신설, 확장된 것으로 알려지고 있다. 또한 2001년 한 해 동안 각 도에 100정보, 시와 군에 20-30정보 이상의 양어장이 건설되는 등 약 1,000여 정보의 양어장이 새로 조성된 것으로 추정되고 있다.

　　대규모의 노력동원을 통해 양어장이 건설되기는 했지만 지역에 따라서는 양어를 위한 먹이의 공급 등이 원활하지 못해 뚜렷한 성과는 내지 못한 것으로 알려지고 있다. 하지만 평양에는 메기공장이 건설되어 대규모로 열대 메기를 양식하고 있다.

* 석축.

* 수로 공사.

함경남도, 1999

땔감 구하기

한 가족이 산에서 땔감을 구해 내려오고 있다. 잔솔가지나 나뭇잎 등을 긁어 모으기 위한 갈퀴가 보인다.

　북한에서 연료난은 식량난 이전부터 진행되고 있었다. 함경도의 경우 지역의 탄광이 고갈되면서 주민들은 생존을 위해 스스로 연료를 장만해야 했다. 민가 인근의 산부터 황폐화되기 시작했다. 연료 부족 상태가 계속되면서 산이 벌거벗은 상태가 되었다. 배급 형식으로 공급되던 연료가 장마당에서 팔리기 시작한 것은 1996년도부터다.

함경남도, 1998

겨울나기 땔감

돈이 있거나 힘이 있는 사람은 장작이나 석탄을 사서 연탄을 찍어 밥을 하고 방을 따뜻하게 하지만 대다수 주민들은 소나무 낙엽을 긁어모으고, 고추대, 강낭짚 등의 농작물 부산물이나 불에 태울 수 있는 모든 것들을 집으로 가져가서 모아놓아야 혹독한 추위를 춥지 않게 보낼 수 있다. 이렇게 해서 마을 가까운 산부터 벌거숭이산이 되었다. 어떤 곳은 땔감을 구하려면 몇 시간을 걸어가야 한다. 산림 단속에 걸리는 수도 있다. 어머니가 부지런히 나무를 많이 구해 와야 식구들이 겨울에 얼어 죽지 않는다. 이제는 야산에 아카시아 땔나무림을 조성하자고 하면서 아카시아를 많이 심었다.

유격대

북한에서는 여성들이 머리에 짐을 이고 걸어 다니는 모습을 좀처럼 볼 수가 없다. 김일성의 항일유격대 투쟁정신을 살려 필요한 짐은 배낭에 지고 이동하도록 했다. 북한 주민의 일상은 항일 투쟁정신의 계승을 위한 삶으로 구현되고 있다.

공화국 운송수단의 기본인 행군

북한의 지방에서는 모든 마을과 장마당이 연결되는 지름길인 오솔길이
잘 발달되어 있다. 여행증 없이 기차를 타기도 헐치(쉽지) 않지만 기차를
내려서도 몇 시간쯤 걷는 것은 기본이다. 어두운 밤에 정찰병처럼 험한
산발(산줄기)을 타고 넘는 것은 북한 주민 누구나 어렸을 적부터 일상생
활이 되어 있다.

사진 목록